Helen Monnet

Caderno de exercícios para se
libertar das relações tóxicas

Ilustrações de Jean Augagneur
Tradução de Clarissa Ribeiro

EDITORA VOZES
Petrópolis

© Éditions Jouvence S.A., 2019
Chemin du Guillon 20
Case1233 — Bernex
http://www.editions-jouvence.com
info@editions-jouvence.com

Tradução realizada a partir do original em francês intitulado *Petit cahier d'exercices: Se libérer des relations toxiques*

Direitos de publicação em língua portuguesa — Brasil: 2022, Editora Vozes Ltda.
Rua Frei Luís, 100
25689-900 Petrópolis, RJ
www.vozes.com.br
Brasil

Todos os direitos reservados. Nenhuma parte desta obra poderá ser reproduzida ou transmitida por qualquer forma e/ou quaisquer meios (eletrônico ou mecânico, incluindo fotocópia e gravação) ou arquivada em qualquer sistema ou banco de dados sem permissão escrita da editora.

CONSELHO EDITORIAL

Diretor
Gilberto Gonçalves Garcia

Editores
Aline dos Santos Carneiro
Edrian Josué Pasini
Marilac Loraine Oleniki
Welder Lancieri Marchini

Conselheiros
Elói Dionísio Piva
Francisco Morás
Ludovico Garmus
Teobaldo Heidemann
Volney J. Berkenbrock

Secretário executivo
Leonardo A.R.T. dos Santos

Editoração: Elaine Mayworm
Projeto gráfico: Éditions Jouvence
Arte-finalização: Sheilandre Desenv. Gráfico
Revisão gráfica: Jaqueline Moreira
Capa/ilustração: Jean Augagneur
Arte-finalização: Editora Vozes

ISBN 978-65-5713-327-9 (Brasil)
ISBN 978-2-88953-148-6 (Suíça)

Este livro foi composto e impresso pela Editora Vozes Ltda.

Dados Internacionais de Catalogação na Publicação (CIP)
(Câmara Brasileira do Livro, SP, Brasil)

Monnet, Helen
    Caderno de exercícios para se libertar das relações tóxicas / Helen Monnet ; ilustrações de Jean Augagneur ; tradução de Clarissa Ribeiro. — Petrópolis, RJ : Vozes, 2022. — (Coleção Praticando o Bem-estar)

    Título original: Petit cahier d'exercices: Se libérer des relations toxiques

    1ª reimpressão, 2022.

    ISBN 978-65-5713-327-9

    1. Manipulação (Psicologia) 2. Relações humanas I. Augagneur, Jean. II. Título. III. Série.

21-86462   CDD-158.2

Índices para catálogo sistemático:
1. Relações humanas : Psicologia aplicada   158.2
Cibele Maria Dias — Bibliotecária — CRB-8/9427

Introdução
A relação pode ser tóxica, não o indivíduo

→ **PRIMEIRAMENTE, DEIXEMOS AS COISAS BEM ESCLARECIDAS:**

é necessário saber que o adjetivo "tóxico" se aplica a uma "substância nociva ao organismo". A extensão desse termo ao campo social está, infelizmente, na moda... Ora, em psicologia, para qualificar esse tipo de relação, emprega-se o termo "patogênico", que significa literalmente "o que gera uma dor".

Com efeito, nenhum humano poderia ser "tóxico" a priori. Segundo seu percurso existencial, um indivíduo particular é, ocasionalmente, suscetível de estabelecer um dia uma relação nociva, para si mesmo e para o outro, em contexto bem específico. Dito de outro modo, ele não possui nenhum "gene tóxico", nem qualquer personalidade inata correspondente. Ora, os efeitos perigosos de uma estigmatização a priori são conhecidos e a abordagem apresentada neste caderno se coloca de saída contra isso.

Por outro lado, requalificar esse tipo de relação não retira em nada a responsabilidade individual por comportamentos e atos repreensíveis.

Além disso, uma relação implica no mínimo dois indivíduos. Aquele que poderíamos, com facilidade demais, nomear "vítima" da pessoa dita "tóxica", possui igualmente uma parte de responsabilidade, mesmo que ínfima, no seio dessa relação – ao menos pela decisão de começá-la ou de continuá-la, ainda que seja pouco.

→ ESTE LIVRO TEM COMO OBJETIVO:

1) convocar cada um para o exercício de sua própria vigilância;

2) aconselhar comportamentos pertinentes a serem adotados se uma relação revelar-se realmente patogênica.

AVISO

Neste caderno, só serão estudados os casos mais frequentes de maltrato moral, deixando de lado, portanto, as relações psicopatológicas (que necessitam de um tratamento psiquiátrico) ou que envolvem delitos (sendo da alçada da lei penal).

1
Fiquemos zen!

Quando temos a impressão de que uma de nossas relações nos coloca em situações desconfortáveis, o primeiro reflexo consiste em não se deixar invadir por uma emoção negativa.
Com efeito, a toxicidade social se alimenta dessas emoções negativas, ainda que elas sejam justificadas a priori. Convém então voltar o mais rápido possível à calma, a fim de proceder com lucidez a uma análise do que REALMENTE está acontecendo.

EU PARO PARA PENSAR

Relaxamento respiratório

Prestar atenção na respiração é um meio simples e rápido de se relaxar.

- Diminua a luminosidade do cômodo em que você está.
- Deite-se no chão, com o corpo bem alinhado, cubra-se com cobertor ou manta, apoiando a cabeça em um travesseiro baixo.
- Afrouxe seu cinto e/ou colarinho. Se você tem dor nas costas, coloque uma almofada sob as vértebras da lombar.
- Os pés estão juntos e os braços estendidos no sentido do corpo, as palmas das mãos viradas para o céu.
- Mire um ponto no teto, bem na área em que você está.
- Deixe suas pálpebras pesarem lentamente.
- Uma vez os olhos fechados, concentre-se nos pontos de seu corpo em contato com o chão: os calcanhares, os tornozelos, os joelhos, o sacro, a coluna vertebral, a parte de trás dos ombros e da cabeça.
- Depois, observe sua respiração. Para tanto, visualize seu abdômen, na altura do umbigo. Você o vê subindo e descendo, no ritmo de sua respiração.
- Você vai agora inspirar lentamente e profundamente e visualizar sua barriga que se enche de ar. Depois você expira, também lentamente e profundamente, vendo sua barriga se esvaziar.

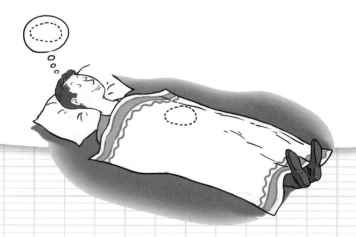

- Inspire e expire 10 vezes, tranquilamente, visualizando bem o centro de sua barriga.

- Depois, você vai progressivamente aumentar o volume de sua respiração: seu abdômen se infla mais, depois ele se esvazia um pouco mais.

- Em seguida, inspire no máximo de sua capacidade, depois relaxe a barriga completamente.

- Agora, você vai sentir um sutil sopro de ar fresco que entra por suas narinas. Você vai inspirar profundamente pelo nariz, depois visualizar algo como uma luz bonita. Em seguida, expire-a lentamente em diferentes partes de seu corpo.

- Comece pelo aparelho respiratório, portanto, sua traqueia e seus pulmões, até o fundo dos brônquios.

- Depois expire a luz em suas duas pernas ao mesmo tempo.

- E, em seguida, em seus dois braços da mesma maneira.

- Depois, dirija a luz para toda a sua coluna vertebral, desde a nuca até o sacro. Você sentirá o relaxamento quando sua curvatura diminuir no momento em que as costas se assentam no chão.

- Em seguida, expire a luz por duas vezes no plexo solar, no nível do esterno, para liberar bem seu peito e respirar mais amplamente.

- Enfim, expire por detrás de seus dois ombros de uma vez (músculos trapézios e omoplatas), sentindo-os se afundarem no chão.

"A meditação nos permite entrar em relação com uma dimensão mais ampla de nós mesmos"
(Anônimo).

Meditação em consciência plena

Para que o mental esteja a seu serviço – e não o inverso – aqui vai uma sessão que permitirá a você se recentrar.

- Sente-se sobre um banco acolchoado ou com uma almofada, adotando a seguinte postura em 7 pontos:

    - os pés afastam-se na medida da largura de sua bacia. Eles repousam descalços e bem firmes no chão;
    - as costas bem eretas;
    - as mãos, espalmadas e com os dedos juntos, apoiam-se sobre as coxas;
    - o queixo está ligeiramente para dentro, mas permanece no prolongamento da coluna vertebral;
    - as mandíbulas estão relaxadas;
    - a ponta da língua toca os dentes da frente;;
    - os olhos estão semifechados e o olhar se fixa em um ponto diante de você (por exemplo, a chama de uma vela ou um ponto do piso, uma mancha).

- Concentre-se em sua respiração abdominal.
- Proceda em seguida à contagem mental de suas respirações profundas de 1 a 10, sem abandonar os 7 pontos da postura descritos acima.
- Efetue uma boa dezena de ciclos respiratórios completos. Se você se enganar no meio do caminho, retome a contagem a partir de 1.

Por fim, e é o mais importante, afaste-se ao máximo dos pensamentos parasitas: permaneça no instante presente graças à conservação da postura e à concentração na respiração.

2
Como reconhecer uma relação patogênica?

Uma vez a calma interior restabelecida, você pode agora se debruçar sobre uma relação específica, sobre a qual você tem dúvidas.

O teor da relação

"Já é tempo de o humano reconhecer que a relação com o outro é bem mais essencial do que um mundo fechado, repousando somente sobre a consciência de si"
(Lee Ufan).

O questionário das páginas seguintes vai permitir que você identifique um risco inicial de toxicidade na relação que você escolheu.

1) Do ponto de vista de seu envolvimento emocional, quantifique a energia gerada pela relação em uma escala de 1 a 10::

1   2   3   4   5   6   7   8   9   10

Tente encontrar o número adequado depois de ter revisto diversos eventos marcantes e constitutivos da relação (primeiro encontro, desenvolvimentos, última saída).

2) Globalmente, essa energia da relação, ao fim de cada encontro com a tal pessoa::

☐ esgota você?
☐ energiza você?

3) Você experimenta atualmente um sentimento particular no que toca ao estado atual dessa relação (a ser bem diferenciado do sentimento que você poderia sentir pela pessoa X).

Tomando como base uma escala de cor do cinza rato ao amarelo solar, que cor você associa espontaneamente a essa relação?

- _____

4) Como vocês se cumprimentam – em matéria de contato sem palavras? (Assinale a opção apropriada)

☐ Breve inclinação da cabeça com sorriso.
☐ "Dois beijinhos" espontâneos (2 a 4 beijos).
☐ Aperto de mão.
☐ Tapinha amigável no ombro.

Outro ponto a considerar: vocês se despedem ao fim de cada encontro ou evitam fazê-lo quando o contexto permite?

O modo como vocês se cumprimentam evoluiu com o tempo? Caso sim, em que sentido, concretamente?

- _____

5) Qual é a frequência dos encontros?

(Assinale a opção apropriada))

☐ Cotidiana.

☐ Semanal.

☐ Mensal.

☐ Anual (nesse caso, contabilize as trocas mensais de e-mails ou mensagens por aplicativos).

Ela mudou com o tempo? Se sim, como?

- _____

6) Cite ao menos três valores compartilhados de maneira autêntica (que são importantes para você e que X realmente compartilha com você, pois você pôde constatar isso em certos momentos em sua companhia).

- _____

- _____

- _____

7) Desenhe uma curva das variações de intensidade de sua relação com X; ela se parece mais com:

☐ uma série de montanhas russas (por exemplo, brigas e reconciliações sucessivas)?

☐ uma planície monótona (exemplo, vocês ficam entediados regularmente em eventos de que participam juntos e durante os quais não conseguem de fato se comunicar um com o outro)?

☐ um mar calmo (exemplo, vocês compartilham bons momentos com frequência, sozinhos ou com outras pessoas)?

Resultados:

Se você respondeu com precisão aos diferentes pontos do questionário, você deveria ver emergir uma primeira resposta quanto à natureza real de sua relação com X.

Se você não conseguiu responder a mais de três questões, saiba que atingiu a priori um "nível crítico". Seria, assim, ainda mais judicioso passar ao próximo exercício.

O corpo não mente jamais

Quando você está com dúvidas quanto à "toxicidade" de uma relação, é indispensável consultar seu corpo, pois ele detém uma sabedoria inigualável.

E como ela permanece inconsciente na maior parte do tempo, você deverá fazê-la emergir.

Teste psicocorporal (a efetuar quando se está em forma e fora do momento da refeição)

Certamente, as sensações corporais ligadas a uma relação a priori patogênica variam segundo a fisiologia dos indivíduos. Além disso, essa autoavaliação vai exigir de você uma observação muito minuciosa.

ACONSELHO QUE DESCONFIE.

- **Logo antes** de ver X, você sente subitamente (assinale a(s) resposta(s) escolhida(s)):
  - ☐ um repetido ronco intestinal (não o confunda com a fome);
  - ☐ uma súbita agitação das extremidades (mãos ou pés);
  - ☐ espirros repetidos (por conta de alergia ou não);
  - ☐ um aumento nítido do suor (notadamente no topo das costas e/ou na palma das mãos);
  - ☐ leve formigamento nos dedos;
  - ☐ aumento do ritmo cardíaco;
  - ☐ vontade incontrolável de urinar.

- **Durante** o encontro cara a cara com X, de pelo menos 15 minutos, você sente (assinale a(s) resposta(s) escolhida(s)):
  - ☐ uma dor de cabeça mais ou menos forte, se intensificando subitamente na região da testa;
  - ☐ uma tosse súbita e sem explicação;
  - ☐ um embrulho no estômago (cf. "estômago embrulhado");
  - ☐ um leve tremor nas pernas.

- **Depois** do encontro com X, você sente:
  - ☐ vários suspiros seguidos;
  - ☐ um bocejo longo, até mesmo uma série deles;
  - ☐ a necessidade compulsiva de abrir a janela (mesmo se está fresco);
  - ☐ uma lassidão corporal geral (antes das 11h da manhã);
  - ☐ uma sede inexplicável ou pouca/muita fome (fora das horas de refeição);
  - ☐ uma sensação de peso no nível das pernas (antes de meio-dia e mesmo que faça frio);
  - ☐ uma necessidade imperiosa de falar de um assunto qualquer com outra pessoa.

Resultados:

- Se você sente apenas um único sinal psicocorporal em cada etapa (ou mesmo menos), esse teste não é realmente significativo.

- Se você acumula ao menos dois sinais por etapa, você pode se considerar "em alerta" face à sua relação com X.

Seu corpo diz a você que percebeu algo. Cabe a você tomar plenamente consciência disso, utilizando sua intuição. Ela permitirá que você estabeleça um laço entre seu inconsciente e seu consciente.

Após suas observações cara a cara, se você constatar os sinais repertoriados acima em um encontro comum (por exemplo, reunião de trabalho) com outras pessoas, isso só pode apontar para indícios convergentes.

Conselho

Em um contexto profissional, é melhor se basear na linguagem corporal de seus colegas do que naquilo que dizem após uma reunião, sobretudo se X é o N+1.

Com efeito, eles também podem ter percebido alguma coisa, mas não necessariamente ousarão admitir isso. Contudo, você pode identificar neles os sinais corporais exteriores (cf. a lista na página precedente DURANTE e DEPOIS).

Em que jogo psicológico você tende a se envolver?

Um jogo psicológico pode tomar lugar tanto na vida pessoal como no universo profissional. Ele é cronofágico, gera incompreensão e ineficácia e está frequentemente na origem da toxicidade em uma relação. Cada um de nós pode entrar nele sem querer, por desconhecimento de nosso funcionamento psicológico. Caridade bem ordenada voltada para si mesmo – é interessante saber onde cada um se situa em relação a isso.

Teste

Responda com SIM ou NÃO e, por favor, de maneira sincera, às seguintes questões:

1) Você gosta, em geral, de prestar serviços para os outros? ☐ SIM ☐ NÃO
2) Você tende a reclamar quando é vítima de uma injustiça? ☐ SIM ☐ NÃO
3) Você acredita no ditado: "A tristeza de alguns é a alegria dos outros"? ☐ SIM ☐ NÃO
4) Você é apegado à sua boa reputação? ☐ SIM ☐ NÃO
5) Você pensa com frequência: "Isso só acontece comigo!"? ☐ SIM ☐ NÃO
6) Você sempre encontra um jeito de segurar a porta para a pessoa atrás de você? ☐ SIM ☐ NÃO
7) Você tende naturalmente a "jogar um verde" para saber o que está acontecendo? ☐ SIM ☐ NÃO
8) Você constata que, com frequência, não consegue replicar um comentário? ☐ SIM ☐ NÃO
9) Dizem que você é como "um patinho"? ☐ SIM ☐ NÃO
10) Você diria que "quem não arrisca não petisca"? ☐ SIM ☐ NÃO

11) Você tende a se depreciar diante dos outros? ☐ SIM ☐ NÃO
12) Você tem realmente a capacidade de ouvir o outro? ☐ SIM ☐ NÃO
13) Dizem que você é crítico com facilidade? ☐ SIM ☐ NÃO
14) Em geral, você olha o copo metade vazio? ☐ SIM ☐ NÃO
15) Você gosta que recorram a você para pedir ajuda? ☐ SIM ☐ NÃO
16) Você é do tipo "mau perdedor"? ☐ SIM ☐ NÃO
17) Você antecipa os desejos dos outros? ☐ SIM ☐ NÃO
18) Você aprova a ideia de que é melhor "cada um ficar na sua"? ☐ SIM ☐ NÃO
19) Você tem regularmente a impressão de lhe faltarem com o respeito? ☐ SIM ☐ NÃO
20) Você acha normal reforçar sistematicamente a autoridade face a um "subalterno"? ☐ SIM ☐ NÃO
21) Você valoriza sistematicamente pessoas em dificuldade? ☐ SIM ☐ NÃO
22) Dizem que você é muito suscetível? ☐ SIM ☐ NÃO
23) Em uma discussão, você tende a querer dar a última palavra? ☐ SIM ☐ NÃO
24) Quando você pega transporte público, repara que ele está frequentemente atrasado? ☐ SIM ☐ NÃO

Primeiros resultados do teste:

Se você respondeu sim às perguntas:
- 1-4-6-9-12-15-17-21, atribua-se a letra A.
- 2-5-8-11-14-19-22-24, atribua-se a letra B.
- 3-7-10-13-16-18-20-23, atribua-se a letra C.

Obs.: A 2ª parte dos resultados do teste será apresentada depois da explicação que se segue.

STEPHEN B. KARPMAN (psicólogo americano dos anos 1970) colocou em evidência um modelo de detecção e de análise de um jogo psicológico entre duas ou mais pessoas. É um conceito simples e potente sobre uma dinâmica que ele resume com o nome "triângulo dramático".

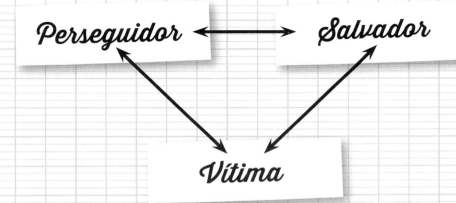

Para compreender bem o impacto desse modelo, aqui vai um exemplo concreto: o da relação entre Lea, 28 anos, e sua sogra Catarina, 57 anos.

Já faz três anos. Lea casou-se com Felipe, filho único de Catarina. Catarina enviuvou depois de um grave acidente de carro que também a deixou com sequelas. Como sua renda é baixa, Lea - que é dona de casa e vizinha de Catarina - propôs-se naturalmente a cuidar dela, para reduzir a presença e, portanto, o custo, de uma empregada doméstica.

Lea vem a cada dois dias trazer as compras para Catarina e lhe propõe um passeio cultural toda semana. Salvo seus problemas de locomoção, Catarina goza de boa saúde. Lea, que não conseguiu ainda procriar, é uma jovem mulher dinâmica e muito dedicada. Ela sente muita amizade por Catarina, sempre educada e sorridente, lembrando a Lea sua tia falecida. Além das compras e da saída semanal, de que Catarina gosta muito, Lea realiza também algumas tarefas domésticas pois, segundo ela, a empregada doméstica não faz bem seu trabalho.

Nessa semana de dezembro, Lea decidiu limpar a sujeira dos vidros da sala. Mas ela não vê que Catarina, dormindo após o almoço, treme de frio em sua cadeira de rodas enquanto Lea limpa minuciosamente as duas grandes janelas abertas.

Na realidade, em seu desejo de fazer bem-feito e sem ter consciência disso, Lea assumiu a posição interior de SALVA-VIDAS: ela age dessa maneira ao impor uma faxina que Catarina não lhe pediu. Lea reforça em Catarina sua posição de VÍTIMA que consente por ser deficiente.

Uma vez a limpeza dos vidros terminada e como Catarina, congelada de frio, não a agradece pela ajuda doméstica, Lea se empenha em convencer sua sogra a demitir "essa empregada incapaz". Mas ela ignora que Catarina, tendo vivido sua infância em Yaoundé, gosta muito de sua empregada do Camarões, que canta para ela canções alegres de seu país.

Assim, por não se sentir reconhecida pela ajuda não desejada que oferece a Catarina, Lea passa sem perceber da posição de salva-vidas para a de PERSEGUIDORA. A relação tornou-se efetivamente patogênica, podendo mesmo ter por título: "De boa intenção o inferno está cheio".

Ora, nós temos todos um lado sombrio, com frequência inconsciente. No percurso de nossa vida (infância, educação, escolaridade), nós o desenvolvemos contra nossa intenção, e ele ressurge quando não nos sentimos confortáveis ou à altura de certas situações. Seja por nos faltar confiança, seja por não confiarmos nos outros, ou mesmo por essas duas razões. Então adotamos esses três papéis, alternadamente, mesmo se privilegiamos um deles em particular:

- O SALVA-VIDAS se baseia na ideia, por vezes fundamentada mas quase sempre errada, de que uma pessoa (frequentemente de nosso círculo social) necessita imperativamente de socorro e não pode de maneira alguma se virar sozinha. O salva-vidas se crê, de saída, em posição de superioridade face à tal pessoa (mesmo que não tenha nenhuma legitimidade ou competência no assunto): então, ele vai decidir o que é bom para a pessoa e querer ajudá-la sem que ela tenha pedido (e, às vezes, contra a sua vontade). O salva-vidas pode, assim, se mostrar como uma mãe possessiva e sufocante.

- O PERSEGUIDOR tem também um sentimento de superioridade em relação ao outro, pois é um procurador intransigente, que pretende sempre saber o que é justo ou adequado e o que não o é. Ele quer mostrar esse saber, provando que tem necessariamente razão por via de uma relação de dominação. Além disso, ele controla em permanência, critica o outro, desvaloriza e sanciona, como um carrasco.

- A VÍTIMA tem um sentimento de inferioridade, pois ela não confia realmente em si mesma por conta de uma baixa autoestima. A vítima, rebaixando suas qualidades ou negando-as, se considera seja como alguém que merece ser rebaixado, seja como alguém que precisa de assistência. Nunca satisfeita, ela se submete aos outros (estilo "criança comportada") ou se mostra, ao contrário, aborrecida, pouco cooperativa, até mesmo recalcitrante diante do que lhe é proposto. É um papel que atrairá um salva-vidas desejoso de lhe prestar ajuda e um perseguidor que derramará sua agressividade sobre ela.

A toxicidade nas relações se instala quando as pessoas se tornam prisioneiras desse triângulo infernal e não conseguem sair dele. Elas são corresponsáveis por essa situação prejudicial.

Além do mais, os três papéis podem ser desempenhados consecutivamente pelos diferentes protagonistas, a depender do contexto da interação.

Por exemplo, o salva-vidas pode se tornar vítima e, a vítima, o perseguidor, e este último podendo tornar-se salva-vidas.

E você, qual papel inconsciente você privilegia?

RETOME OS RESULTADOS DO TESTE:

➡ **UMA MAIORIA DE A FAZ VOCÊ TENDER MAIS PARA SALVA-VIDAS.**

Conselhos para não ficar bloqueado nesse papel:

- Se você é o mais velho dentre seus irmãos, seus pais pediram frequentemente que você os ajudasse com a educação dos mais novos. Ou então você tinha um pai ou uma mãe com frequência enfraquecidos, que você consolava... Você tem, então, uma maior predisposição a ter herdado essa tendência impulsiva de socorrer. Na idade adulta, já é tempo de não mais "ser o bonzinho" e aprender a saber dizer "Não", ao mesmo tempo em que se centra em suas próprias necessidades.
- Pode ser também que você sinta uma real falta de reconhecimento da parte de pessoas de seu convívio. É urgente aumentar sua estima por si mesmo e fazer com que os outros tomem consciência de seu verdadeiro valor.

➡ **UMA MAIORIA DE B FAZ VOCÊ TENDER MAIS PARA A VÍTIMA.**

Conselhos para não ficar bloqueado nesse papel:

- É provável que, em sua infância, você tenha obtido mais atenção de seus pais quando se mostrava frágil, até mesmo doente: por isso você reproduz esse esquema inconsciente.

- Esteja certo: você pode ser amado pelo outro mostrando-se uma pessoa forte, tendo competências e qualidades. Estimule-se a se mostrar mais, de maneira apropriada e no momento oportuno.

➡ UMA MAIORIA DE C FAZ VOCÊ TENDER MAIS PARA O PERSEGUIDOR.

Conselhos para não ficar bloqueado nesse papel:

- Pode ser que, para se sentir existindo aos olhos dos outros, estabelecer uma relação de dominação pareça a você, inconscientemente, algo inevitável. Ora, "a razão do mais forte não é sempre a melhor". Se faz, portanto, necessário ter mais confiança em si mesmo para instaurar de saída um clima mais sereno em suas relações, baseado na confiança.
- É igualmente possível que você experimente, desde a infância, um insistente sentimento de injustiça, querendo comunicá-lo ao outro, mas de maneira desajeitada, mesmo brutal. Ora, suas feridas precisam primeiramente ser cicatrizadas. Portanto, seria judicioso autorizar-se o acompanhamento de um profissional competente.

Você pode também ter resultados iguais para dois papéis entre os quais seu comportamento oscila regularmente..

"Porque era ela/ele, porque era eu."

Como nós vimos, uma relação é o resultado de duas responsabilidades (no mínimo). E a relação de domínio, sobretudo no campo sentimental, não escapa a essa regra: sua toxicidade se estabelece frequentemente de maneira insidiosa, produzindo lentamente um processo inconsciente específico.

> **"Quem poderia escapar ao tremor ao pensar nos infortúnios que uma relação perigosa pode causar! E que tormentos não seriam evitados se pensássemos mais nisso!"**
> (Pierre Choderlos de Laclos).

Questionário

Você corre o risco de ser a vítima de uma relação sentimental patogênica? Responda honestamente com sim ou não às questões que se seguem.

1) De uma maneira geral, você considera que confia em si mesmo? ☐ SIM ☐ NÃO
2) Você nutre regularmente a esperança de ser reconhecido em seu justo valor? ☐ SIM ☐ NÃO
3) Você gosta da solidão? ☐ SIM ☐ NÃO
4) Você acha que não cuida suficientemente de si mesmo? ☐ SIM ☐ NÃO

5) Geralmente, você considera o outro como um "irmão humano"? ☐ SIM ☐ NÃO

6) Você tem o hábito de se comparar com os outros? ☐ SIM ☐ NÃO

7) Você é particularmente sensível a elogios? ☐ SIM ☐ NÃO

8) Você tende a "cair no conto do vigário"? ☐ SIM ☐ NÃO

9) Você confia em desconhecidos com facilidade? ☐ SIM ☐ NÃO

10) Você é o que se costuma chamar de "público fácil"? ☐ SIM ☐ NÃO

11) Você sempre é atraído pelo mesmo tipo de homem ou de mulher? ☐ SIM ☐ NÃO

12) Você tem dificuldade em dizer não? ☐ SIM ☐ NÃO

13) Você se considera uma pessoa emotiva? ☐ SIM ☐ NÃO

14) Você tende sempre a idealizar seu parceiro sexual? ☐ SIM ☐ NÃO

15) Você sente dificuldade em expressar para seu cônjuge o que, no casal, não é bom para você? ☐ SIM ☐ NÃO

16) Acontece de você fazer uma demanda inadequada ou desmedida? ☐ SIM ☐ NÃO

17) Você sofre de uma forma de dependência (tabaco, ansiolíticos, álcool, comida, sexo, internet etc.)? ☐ SIM ☐ NÃO

18) Você demonstra ser paciente em sua vida de casal? ☐ SIM ☐ NÃO

19) Você sente vergonha ao expressar sua sexualidade? ☐ SIM ☐ NÃO

20) Você tem um pai particularmente autoritário, e mesmo violento? ☐ SIM ☐ NÃO

21) Você julga que sabe tirar lições de suas desilusões sentimentais? ☐ SIM ☐ NÃO

22) Você vive mal a ausência repetida de seu cônjuge? ☐ SIM ☐ NÃO

23) Você tem fé ou pensa ter uma abertura espiritual? ☐ SIM ☐ NÃO

24) Você tem uma mãe subjugada pelo seu pai ou pelo companheiro dela? ☐ SIM ☐ NÃO

25) Você é o mais velho? ☐ SIM ☐ NÃO

26) Você já viveu uma relação tóxica claramente definida como tal (por exemplo, por um psicólogo) com alguém, notadamente um familiar? ☐ SIM ☐ NÃO

Respostas ao questionário:

1) Sim = A Não = B	14) Sim = B Não = A
2) Sim = B Não = A	15) Sim = B Não = A
3) Sim = A Não = B	16) Sim = B Não = A
4) Sim = B Não = A	17) Sim = B Não = A
5) Sim = A Não = B	18) Sim = B Não = A
6) Sim = B Não = A	19) Sim = B Não = A
7) Sim = B Não = A	20) Sim = B Não = A
8) Sim = B Não = A	21) Sim = A Não = B
9) Sim = B Não = A	22) Sim = B Não = A
10) Sim = B Não = A	23) Sim = A Não = B
11) Sim = B Não = A	24) Sim = B Não = A
12) Sim = B Não = A	25) Sim = B Não = A
13) Sim = B Não = A	26) Sim = B Não = A

Resultado:

Se você coletou mais de 18 respostas B, sua caracterização psicológica consiste em predisposição ou suscetibilidade a conhecer um dia uma relação patogênica "de domínio", pois você tem o perfil de um dependente afetivo.

Atenção : Não se trata, em absoluto, de se autoculpabilizar, mas de compreender como esses critérios comportamentais aumentam para você a probabilidade de gerar uma "toxicidade na relação" mais ou menos involuntária. Nesse estágio, seria então pertinente consultar um profissional das relações de ajuda suficientemente competente para que você evite se lançar em uma relação patogênica que poderia provocar muito sofrimento moral e físico.

➥ EM DIREÇÃO A UMA DEFINIÇÃO DA RELAÇÃO PATOGÊNICA

É muito delicado definir a priori e de maneira perfeitamente regulada, em um estilo científico universalmente reconhecido, o que se costuma chamar de relação "tóxica" ou, de preferência, patogênica.

Todavia, como acabamos de ver, é mais fácil estar de acordo quanto à presença de sinais precursores de "toxicidade" na relação (situações, comportamentos tipificados) existentes entre os protagonistas, independentemente de sua personalidade. Digamos que o mais representativo seria um desequilíbrio expressivo no nível da interação.

O caso particular do "perverso / narcísico"

Antes de abordar este capítulo, é importante saber que, de maneira geral, é por seu próprio sofrimento que, inconscientemente, ele faz o outro pagar.

Sem querer, de modo algum, desresponsabilizar as pessoas responsáveis por uma relação patogênica, é essencial compreender que sua maneira de agir deriva, em grande parte, de um caráter adquirido no curso da educação ou no contato com situações que poderíamos qualificar de "problemáticas". Seus ascendentes foram, geralmente e bastante diretamente, a fonte dessa tendência, mais ou menos pesada segundo os casos. Com efeito, muitos desses sujeitos foram mentalmente maltratados quando pequenos e, com frequência, de maneira extremamente perniciosa, em nome de valores familiares desvirtuados. "O desejo de fazer mal" não está necessariamente agindo no sentido forte e, sobretudo, consciente do termo: o sujeito é, de certa maneira, constrangido a repetir um comportamento inevitável para ele, o que o torna totalmente cego diante da vivência dolorosa do outro. Uma bolha egocêntrica, por vezes muito densa, se formou com o correr do tempo.

O caso do perverso mais ou menos narcísico corresponde a um processo inconsciente de vingança insatisfeita e incapaz, em que de fato se trata da sobrevivência psíquica da criança pequena maltratada, humilhada por um dos pais, geralmente do mesmo sexo. Tendo se tornado adulto, sua necessidade será, portanto, de dominar o outro, principalmente pela sujeição.

Apenas um psicoterapeuta competente, sobretudo não moralista, poderá ajudá-lo, caso o indivíduo em questão tenha a intenção de se tornar seu paciente...

Questionário

Aqui está um teste que concerne a uma pessoa sobre a qual você sente dúvidas no nível de seu comportamento na relação.

Responda calmamente, refletindo bem a cada resposta que você dará (sim ou não).:

1) Você teve muito prazer ao encontrá-la? ☐ SIM ☐ NÃO

2) No primeiro momento, ela estava muito sorridente? ☐ SIM ☐ NÃO

3) Você acha que essa pessoa considera, em geral, o outro como seu igual? ☐ SIM ☐ NÃO

4) De seu ponto de vista, ela poderia dizer: "Só sofremos o que merecemos"? ☐ SIM ☐ NÃO

5) Ela gosta de tornar-se indispensável? ☐ SIM ☐ NÃO

6) No jogo, você a viu tendo prazer em levar seu adversário ao erro? ☐ SIM ☐ NÃO

7) Você reparou se essa pessoa tendia sempre a querer enfatizar somente suas qualidades positivas? ☐ SIM ☐ NÃO

8) Ela se mostrou com frequência um "mau jogador"? ☐ SIM ☐ NÃO

9) Você a viu zombar em segredo de pessoas "perdedoras"? ☐ SIM ☐ NÃO

10) Com você, ela "jogou verde" para descobrir o que se passava? ☐ SIM ☐ NÃO

11) Ela confidenciou a você algo pouco amável sobre uma pessoa próxima que compartilha dos mesmos valores que você? ☐ SIM ☐ NÃO

12) Você acha que ela é um pouco mitomaníaca e tende a "contar lorotas"? ☐ SIM ☐ NÃO

13) Ela considera o sucesso social como algo primordial? ☐ SIM ☐ NÃO

14) Você a viu com frequência mudar de atitude ou de opinião em função da audiência? ☐ SIM ☐ NÃO

15) Você constatou que lhe acontece de ser evasiva ou não terminar suas frases? ☐ SIM ☐ NÃO

16) Você reparou se ela era misteriosa sobre certos assuntos ou períodos de sua vida? ☐ SIM ☐ NÃO

17) Quando você está com ela, você se sente mentalmente agitado? ☐ SIM ☐ NÃO

18) Você a viu particularmente orgulhosa de ter "executado seu plano" em relação a alguém? ☐ SIM ☐ NÃO

19) Ela se irrita vivamente quando você a flagra cometendo uma infração? ☐ SIM ☐ NÃO

20) Ela se considera frequentemente como uma vítima do outro? ☐ SIM ☐ NÃO

21) A seu lado, você teve a impressão de perder, de repente, totalmente a confiança em si mesmo? ☐ SIM ☐ NÃO

22) Se vocês são um casal, você tem dificuldade em compartilhar verdadeiros momentos de intimidade com essa pessoa? ☐ SIM ☐ NÃO

23) Ela constrange você, por vezes brutalmente, a calar-se? ☐ SIM ☐ NÃO

24) Ela transmite a você, privadamente, mensagens contraditórias? ☐ SIM ☐ NÃO

25) Ela gosta de dar a última palavra em discussões com você ou com os outros? ☐ SIM ☐ NÃO

26) Você constatou que ela pode mostrar ter inveja de algumas de suas qualidades/competências? ☐ SIM ☐ NÃO

27) Ela já exerceu privadamente uma forma de chantagem com você? ☐ SIM ☐ NÃO

28) Você constatou que ela se mostrava insatisfeita quase em permanência?? ☐ SIM ☐ NÃO

29) Ela exigiu que você fosse perfeito(a)? ☐ SIM ☐ NÃO

30) Essa pessoa é filho ou filha único(a)? ☐ SIM ☐ NÃO

31) Ela tendeu a culpabilizar você por bobagens? ☐ SIM ☐ NÃO

32) Você já viveu uma relação patogênica claramente definida como tal (por exemplo, por um psicólogo) com alguém, notadamente de sua família? ☐ SIM ☐ NÃO

Resultados:

Conte o número de pontos que corresponde a cada resposta positiva (zero para as respostas negativas):

1) 1	8) 1	15) 2	22) 2	29) 3
2) 1	9) 2	16) 2	23) 3	30) 1
3) 1	10) 2	17) 2	24) 3	31) 3
4) 3	11) 2	18) 2	25) 2	32) 3
5) 1	12) 2	19) 2	26) 3	
6) 2	13) 1	20) 2	27) 3	
7) 1	14) 3	21) 3	28) 2	

Se você somou 31 pontos, você está provavelmente diante de uma pessoa perversa, isto é, um manipulador que utiliza muito de sua dedução, sobretudo para desfrutar disso e assim se dar segurança. Ele é perigoso, sobretudo na medida em que não é desmascarado. Mas se você não entrar em seu jogo, ele perceberá e acabará por se cansar dessa relação, que para ele terá "perdido todo o seu charme"..

➡ **Conselho:** Posicione-se sempre ostensivamente de igual para igual diante dele, e faça observações humorísticas sobre seu comportamento: pouco a pouco, ele deverá mudar de atitude em relação a você (mas há o risco de lançar-se para outra pessoa).

A partir de 38 pontos, você está, muito certamente, diante de um perverso narcísico.

A pessoa cativante que ele sabiamente construiu tem por único objetivo manter você sob o seu domínio. Se você lhe diz que sabe o que ele faz, ele virará a situação a favor dele e reforçará seus artifícios para manter você "na rédea curta": particularmente, ele recorrerá a muitas mentiras para se fazer de vítima e/ou desvalorizar você, sem que isso transpareça para as pessoas de quem você gosta. Ele poderá, também, oferecer um suntuoso presente, pelo qual você pagará caro em seguida, sendo obrigado a ter um comportamento irrepreensível para com ele, ou ainda sofrendo chantagem..

➡ **Conselho:** Depois de ter obtido esse resultado no teste, não hesite e termine imediatamente e sem arrependimento a relação (caso seja necessário, troque sua fechadura ou se mude sem deixar o endereço).

O capítulo seguinte deverá ajudar você.

3
Coragem, fujamos!

Se distanciar da relação com ou sem aviso prévio

Existem muitas maneiras de interromper uma relação, em particular de amizade ou sentimental: o importante é não fazê-lo na hora da raiva que, como todos sabem, é má conselheira.

- Em um primeiro momento, faça apenas a escolha de não alimentar a relação, da maneira que for, a fim de, primeiramente, se proteger e ter mais clareza em seguida.
- Se você sente, intuitivamente, que tomou uma decisão boa, deixe-a amadurecer durante ao menos dois dias e observe que tipos de emoção você sente: fúria, angústia, tristeza, rancor, frustração, indiferença etc. Isso será muito instrutivo para você.
- Não tente, contudo, "deixar que as emoções esfriem": por exemplo, escreva no papel tudo o que lhe vem imediatamente à mente – insultos e outras ofensas – até que se sinta satisfeito, depois veja o que acontece em você.
- Queime em seguida o papel em que depositou essas palavras: você experimentará, certamente, um verdadeiro alívio ao vê-lo ser consumido sob seus olhos.
- Apenas no dia seguinte, pergunte-se se você vai ou não informar à pessoa em questão sobre essa ruptura da relação.

➜ **AQUI VÃO ALGUNS CONSELHOS PARA GUIAR VOCÊ.**

SE VOCÊ ESCOLHER INFORMÁ-LA

1) Evite anunciar o fim do relacionamento por uma conversa telefônica, pois esse modo de comunicação pode acabar por não refletir sua fala de maneira precisa o bastante. Além disso, ter de ouvir a voz do outro pode reativar em você um sentimento negativo: será muito provável que você escolha palavras inapropriadas, que não correspondem ao que pensa. Ou, inversamente, há o risco de você se sentir inibido, sobretudo se essa pessoa ainda tem ascendência sobre você.

2) Pense igualmente na última lembrança sonora que você quer deixar para o outro: é importante para conservar uma boa estima de si... Você pode, por exemplo, deixar na caixa postal da pessoa uma mensagem em que canta uma canção significativa (várias vezes, para que ela não pense que você errou de destinatário).

Exercício

Escreva uma carta de término

A vantagem da escrita é dupla. Ela traz o benefício:

- da clareza;
- da distância (em sentido próprio e figurado);
- de deixar um vestígio: segundo o ditado popular, "As palavras voam, os escritos permanecem";
- de privilegiar a carta ao e-mail; com efeito, este pode acabar não sendo lido voluntariamente pelo destinatário ou pior, ir para a caixa de spams se o destinatário já classificou seu e-mail como "indesejável";
- se você optar pela carta, de poder redigi-la à mão; mas não a envie assim, pois sua caligrafia pode ser traiçoeira (escolha a datilografia);
- não a envie logo depois de escrever, pois fazer várias versões é às vezes necessário para encontrar o tom adequado ou a formulação pertinente, correspondendo a seus sentimentos;
- sempre comece sua carta por "Depois de pensar muito...", para mostrar ao destinatário que você não está sendo inconsequente; isso o incitará, a priori, a ler o restante;
- esse vestígio pode constituir um arquivo, podendo ser relido quando você desejar começar uma nova relação ou quando decidir redigir suas memórias; a carta, eventualmente, vai levar o outro a refletir sobre a relação;
- você pode também escolher dar à carta um caráter mais oficial, enviando-a pelo correio com ou sem código de rastreamento. Nesse caso, cole uma etiqueta datilografada sobre seus dados a fim de não ser reconhecido e arriscar-se a ver o destinatário devolvê-la sem tê-la lido.

SE VOCÊ ESCOLHER NÃO INFORMÁ-LA

Você decide, assim, "se fingir de morto". Se a pessoa se manifestar, não responda a NENHUMA mensagem no telefone (atenção aos números não identificados) nem a qualquer outra mensagem. Essa opção implica ter a determinação para se segurar, sobretudo se as coisas demoram a se resolver...

Para "aguentar o tranco", saia pela tangente: priorize outras relações, reforce-as; entre novamente em contato com pessoas de que você gosta e reciprocamente.

Aliás, é necessário saber que a escolha da ausência total de contato traz eventualmente o risco de inquietar a pessoa e vê-la aparecer de maneira imprevisível – se, por exemplo, ela tem um perfil de assediador – em lugares improváveis (por exemplo, a saída de seu trabalho, até mesmo a casa de seus pais etc.).

É você que deve saber se está pronto para viver esse momento com serenidade ou não...

Superar a baixa estima de si mesmo

Quando se vive uma relação patogênica, frequentemente acontece de uma imagem desvalorizante de nós mesmos se instalar sorrateiramente em nossa mente.

Isso engendra, por vezes, um sentimento de vergonha. Ora, geralmente a vergonha não se expressa abertamente. Com efeito, sendo muito desagradável senti-la, ela permanece escondida no inconsciente.

Por isso, ela age sorrateiramente, por vezes de maneira muito potente e destrutiva. Assim, é primordial resgatá-la no fundo de si, pois ela pode ser devastadora...

"A vida tem um fim, mas a vergonha é infinita"
(provérbio árabe).

Avaliação
Você sente um sentimento de vergonha?

Aqui vai um pequeno teste que permitirá não julgar o grau de vergonha agindo em você. Responda simplesmente com sim ou não, sem pensar muito (você pode usar um curinga em no máximo duas perguntas, deixando de respondê-las).

1) Normalmente, você olha os outros nos olhos quando fala com eles? ☐ SIM ☐ NÃO

2) Você está procurando emprego atualmente? ☐ SIM ☐ NÃO

3) Você veio de uma família modesta? ☐ SIM ☐ NÃO

4) Você se importa com o que dizem sobre você? ☐ SIM ☐ NÃO

5) Você se sente vítima de uma pequena desgraça física? ☐ SIM ☐ NÃO

6) Você se importa se o estilo de suas roupas está na moda? ☐ SIM ☐ NÃO

7) Você está no cheque especial? ☐ SIM ☐ NÃO

8) Você é ansioso? ☐ SIM ☐ NÃO

9) Possuir uma boa posição social é, para você, o primeiro elemento do sucesso? ☐ SIM ☐ NÃO

10) Você iria a um coquetel mundano em que não conhece ninguém? ☐ SIM ☐ NÃO

11) Você tem algum amigo próximo em quem possa realmente confiar? ☐ SIM ☐ NÃO

12) Você já passou fome? ☐ SIM ☐ NÃO

13) Você é um(a) *"self made man/woman"*? ☐ SIM ☐ NÃO

14) Você tem medo de gaguejar quando tem de falar em público? ☐ SIM ☐ NÃO

15) Você é ateu ou agnóstico? ☐ SIM ☐ NÃO

16) Você tem medo da falta (de comida, teto, amigos...)? ☐ SIM ☐ NÃO

17) Você pensa que "dinheiro não traz felicidade"? ☐ SIM ☐ NÃO

18) Você perdeu seus pais ainda jovem? ☐ SIM ☐ NÃO

19) Dizem que você tem um humor cáustico? ☐ SIM ☐ NÃO
20) Você tem pelo menos um diploma universitário? ☐ SIM ☐ NÃO
21) Você já foi enxotado por um ex?? ☐ SIM ☐ NÃO
22) Você é um consumidor compulsivo? ☐ SIM ☐ NÃO
23) Você foi despedido por justa causa? ☐ SIM ☐ NÃO
24) Se você é divorciado(a), se encarrega sozinho da guarda dos filhos? ☐ SIM ☐ NÃO
25) Você tem um irmão ou uma irmã que seus pais preferem(iam)? ☐ SIM ☐ NÃO
26) Você perdeu muito para o jogo? ☐ SIM ☐ NÃO
27) Você já se sentiu completamente destruído por um comentário maldoso? ☐ SIM ☐ NÃO
28) Você mente para seus vizinhos sobre seus verdadeiros planos para as férias? ☐ SIM ☐ NÃO
29) Você é praticante assíduo de alguma religião? ☐ SIM ☐ NÃO
30) Você ajudaria um próximo que tenha cometido um assassinato? ☐ SIM ☐ NÃO
31) Você está sempre economizando? ☐ SIM ☐ NÃO
32) Você tem medo de ser infectado por uma doença sexualmente transmissível? ☐ SIM ☐ NÃO
33) Você gosta de mostrar que usufrui de certo conforto material? ☐ SIM ☐ NÃO
34) Você crê no princípio da abundância universal? ☐ SIM ☐ NÃO
35) Você acredita que nesse mundo há os que têm sorte e os outros? ☐ SIM ☐ NÃO
36) Você sente muito desconforto quando está nu? ☐ SIM ☐ NÃO
37) Você se sente "sobrando" em um grupo, mesmo de amigos, com frequência? ☐ SIM ☐ NÃO
38) Você acumula várias dívidas pequenas? ☐ SIM ☐ NÃO

Resultados:

Faça a conta de suas respostas A e B.

1) Sim = B Não = A
2) Sim = A Não = B
3) Sim = A Não = B
4) Sim = B Não = A
5) Sim = A Não = B
6) Sim = A Não = B
7) Sim = A Não = B
8) Sim = A Não = B
9) Sim = A Não = B
10) Sim = B Não = A
11) Sim = B Não = A
12) Sim = A Não = B
13) Sim = B Não = A
14) Sim = A Não = B
15) Sim = A Não = B
16) Sim = A Não = B
17) Sim = B Não = A
18) Sim = A Não = B
19) Sim = A Não = B
20) Sim = B Não = A
21) Sim = B Não = A
22) Sim = A Não = B
23) Sim = A Não = B
24) Sim = A Não = B
25) Sim = A Não = B
26) Sim = A Não = B
27) Sim = A Não = B
28) Sim = A Não = B
29) Sim = B Não = A
30) Sim = B Não = A
31) Sim = B Não = A
32) Sim = A Não = B
33) Sim = A Não = B
34) Sim = B Não = A
35) Sim = A Não = B
36) Sim = A Não = B
37) Sim = A Não = B
38) Sim = A Não = B

• Uma grande maioria de A (mais de 26 respostas):

Você tende a sentir vergonha com frequência e a nutrir uma certa frustração, até mesmo uma inveja mais ou menos consciente do outro.

Conselho:

Evite se comparar com os outros (sobretudo com alguém mais rico, mais bonito, mais inteligente), pois você alimenta assim esse sentimento de vergonha. Diga a si mesmo que, enquanto indivíduo único – ninguém existiu antes de você e não existirá depois de você –, você é uma pessoa infinitamente preciosa para a humanidade. Por isso, é importante aprender a se valorizar regularmente, fazendo a lista de suas competências e das qualidades de seu ser..

• Uma maioria de A (mais de 21 respostas):

Você tem propensão a sentir, com frequência, uma certa vergonha, mas tem consciência disso.

Conselho:

Você sabe que o sentimento de vergonha não é irreversível: você pode acalmá-lo praticando o contentamento no cotidiano. Por exemplo, você pode tomar consciência da sorte que tem por viver em um país livre, onde pode facilmente satisfazer sua fome. Você pode também se exercitar para não remoer demais suas dificuldades e fracassos, praticando regularmente a meditação de plena consciência.

• Uma maioria de B (mais de 20 respostas):

Pode acontecer de você sentir, às vezes, um pouco de vergonha, mas isso não chega a desestabilizar. Além do mais, você se vira para que isso não perturbe sua relação com o outro.

Conselho:

Você sente vergonha raramente, que bom! Você só se sente assim quando fez algo realmente condenável. Em vez de se mortificar na culpa, você tem a coragem de assumir sua responsabilidade graças a uma boa estima de si mesmo. Todavia, tente desenvolvê-la com mais regularidade, como se exercitasse um músculo interior. Assim, a vergonha cederá definitivamente o lugar à alegria.

"Para vivermos felizes, vivamos escondidos" (versão 2.0)

Dada a importância crescente do "disse me disse" na internet e, em particular, pela via dos fóruns de todo tipo, tornou-se essencial tomar consciência de sua reputação virtual.

O uso compulsivo das redes sociais é uma fonte de toxicidade social:
- Postando com regularidade excessiva fotos de seu novo carro e de sua última viagem romântica no Facebook, você pode perceber que as pessoas de seu convívio viram de repente as costas para você, porque julgam, por exemplo, que você é muito cheio de si e/ou materialista. No início, você queria apenas compartilhar seu orgulho ou sua alegria e, quem diria, você agora enfrenta um inútil mal-entendido com pessoas próximas.
- Quanto a suas opiniões mais ou menos agressivas, publicadas sem pensar no Twitter, você corre o risco de se arrepender alguns dias mais tarde, quando constatará amargamente a que tipo de pessoas você se igualou, aos olhos de todos, embora elas não prezem de maneira alguma pelos valores que você defende!

· No quadro profissional ou de consumo, um cliente descontente compartilha sua insatisfação com ao menos 9 pessoas e em média 13% delas confidenciam suas desventuras para 20 indivíduos. Ora, ao longo desse tempo, um cliente satisfeito só compartilha sua experiência com 5 pessoas.

· No domínio privado, na hora das "selfies" imediatamente postadas nas redes sociais, alardeando um enorme contentamento consigo mesmo, deve-se temer que certos laços se danifiquem. Com efeito, a encenação, notadamente de uma intimidade de casal, pode suscitar reações negativas no outro. A inveja sendo, infelizmente, muito difundida, torna-se fonte de toxicidade social, pois ela possui dois motores potentes: a baixa estima de si e a admiração invejosa. Então, é melhor não suscitá-la.

> **"É mais difícil não invejar um amigo feliz do que ser generoso com um amigo no infortúnio"**
> (Alberto Moravia).

Enfim, é bom saber que uma mensagem negativa em um fórum, um blog ou um comentário na internet pode perdurar por vários anos...

Conclusão:

Em matéria de prevenção de uma inconveniência, até mesmo de uma "toxicidade social", a discrição se torna uma qualidade inevitável.

Teste

Você sabe ser discreto para preservar sua reputação virtual?
(você pode usar um curinga em no máximo duas perguntas,
deixando de respondê-las.)

1) Em um site profissional, você colocou suas referências para os clientes na página inicial? ☐ SIM ☐ NÃO

2) A discrição é um valor importante a seus olhos? ☐ SIM ☐ NÃO

3) Você deixa de utilizar seu celular pelo menos por uma hora no seu dia? ☐ SIM ☐ NÃO

4) Você limpa cotidianamente seus *spams*? ☐ SIM ☐ NÃO

5) Você zela regularmente pela boa imagem de seu nome/marca no Google? ☐ SIM ☐ NÃO

6) Você consegue administrar sua caixa de e-mails? ☐ SIM ☐ NÃO

7) Em seu *smartphone*, você tem mais de 15 aplicativos não utilizados? ☐ SIM ☐ NÃO

8) Você se preocupa em se desvincular de *newsletters* no seu dia a dia? ☐ SIM ☐ NÃO

9) Você participa com frequência de petições virtuais? ☐ SIM ☐ NÃO

10) Você procura aumentar seu número de *likes* de amigos e de seguidores nas redes sociais? ☐ SIM ☐ NÃO

11) Você espera que seu *smartphone* mostre apenas um tímido sinal de envelhecimento para comprar um novo? ☐ SIM ☐ NÃO

12) Você passa mais de três horas nas redes sociais (fora do quadro profissional)? ☐ SIM ☐ NÃO

13) Acontece de você utilizar uma lista de destinatários para seu próprio uso? ☐ SIM ☐ NÃO

14) Você tuita várias vezes por dia? ☐ SIM ☐ NÃO

15) Você escreve mais de dez testemunhos/opiniões em fóruns de discussão por semana? ☐ SIM ☐ NÃO

16) Você faz suas compras básicas pela internet? ☐ SIM ☐ NÃO

17) Você coloca o "urgente" na frente do "importante" em sua vida? ☐ SIM ☐ NÃO

18) Você posta muitas fotos no seu Facebook? ☐ SIM ☐ NÃO
19) Você já recebeu comentários desagradáveis no fórum de seu blog? ☐ SIM ☐ NÃO
20) Quando você recebe uma boa notícia profissional ou privada, você tem a vontade irresistível de compartilhá-la imediatamente em uma rede social? ☐ SIM ☐ NÃO
21) Você está inscrito em um site ou aplicativo de encontro por mais de um ano? ☐ SIM ☐ NÃO
22) Você estima ser uma pessoa que sabe "largar o osso" quando necessário? ☐ SIM ☐ NÃO
23) Quando você recebe um e-mail enviado também a outros destinatários, você tende a clicar na opção "responder a todos"? ☐ SIM ☐ NÃO

Resultados:
Faça a contagem de seus pontos:

1) Sim = 1 Não = 2
2) Sim = 3 Não = 0
3) Sim = 3 Não = 1
4) Sim = 2 Não = 1
5) Sim = 2 Não = 1
6) Sim = 2 Não = 0
7) Sim = 0 Não = 2
8) Sim = 2 Não = 1
9) Sim = 1 Não = 2
10) Sim = 0 Não = 3
11) Sim = 1 Não = 2
12) Sim = 0 Não = 3
13) Sim = 0 Não = 2
14) Sim = 0 Não = 3
15) Sim = 1 Não = 2
16) Sim = 1 Não = 2
17) Sim = 0 Não = 2
18) Sim = 0 Não = 3
19) Sim = 0 Não = 2
20) Sim = 0 Não = 2
21) Sim = 0 Não = 2
22) Sim = 3 Não = 1
23) Sim = 1 Não = 2

E a sua discrição?

Entre 1 e 25 pontos:

Mesmo que o universo virtual não mate – se bem que... –, você é despreocupado demais, até mesmo excessivo em matéria de utilização da internet. Mostre menos ostentação compulsiva nas redes sociais, pois você se arrisca demais. Pense, particularmente, em sua carreira profissional: cada vez mais, nossos empregadores consultam os perfis virtuais.

Conselho:

Prove que você pode existir plenamente sem mostrar para a terra inteira quem é: obrigue-se a uma abstinência de redes sociais durante uma semana ao menos cinco vezes por ano. E faça com mais frequência chamadas telefônicas, compartilhando em alto e bom som seus entusiasmos e indignações: é mais agradável e, sobretudo, deixará menos pistas.

Entre 26 e 39 pontos:

Você utiliza muito a internet, na qual navega regularmente e compartilha suas opiniões em fóruns de conversa. Mas você utiliza as redes sociais com moderação e sabe dosar bastante bem a informação que divulga. Você evita tuitar demais no calor do momento, pois sabe que logo poderia tomar os pés pelas mãos.

Conselho:

Continue nessa via comedida, sem deixar de refletir sobre a maneira como utiliza a internet para estabelecer relações, a fim de otimizá-la.

Entre 40 e 53 pontos:

Das duas uma: ou você se serve raramente da internet, ou é extremamente prudente quanto à sua presença virtual: nesse domínio, nada escapa a você. Aliás, sua reputação talvez já tenha sofrido desgastes: "gatinho acuado...".

Conselho:

Conserve seu "princípio de precaução", sem tornar-se um desconfiado obsessivo. A natureza humana é, por vezes, medíocre, mas nem sempre ruim.

Encontrar um aliado apropriado

Não basta apenas fugir de uma relação patogênica: é também necessário restaurar a confiança na natureza humana.

Portanto, é importante, nesses tempos difíceis, se cercar de um ou mais aliados apropriados. O objetivo é não se deixar invadir por emoções negativas demais, e até pior, cair em um estado depressivo.

DOIS CASOS COMUNS:
➥ 1) A RELAÇÃO PATOGÊNICA SE DÁ EM UM CONTEXTO PROFISSIONAL;
➥ 2) A RELAÇÃO PATOGÊNICA PERTENCE AO REGISTRO SENTIMENTAL.

1) Crie novos laços na empresa, em outros setores dela, e se possível de maneira transversal: além do gerente carismático ou da gentil colega com quem você almoça frequentemente, é importante identificar, no rol dos empregados, aquele ou aquela que:

- *possui os mesmos gostos que você em certos domínios esportivos ou culturais;*
- *tem as mesmas aspirações sociais.*

Isso facilitará o começo da relação.

Dois conselhos suplementares:
- escolha de preferência personalidades modestas — evite os "mandões" —, mas também pragmáticas e bastante disponíveis;
- volte-se para pessoas que não tenham interesse pessoal no seu fracasso e que sejam movidas por um mínimo de altruísmo.

- *Estabeleça uma pequena lista de pessoas (no máximo quatro).*
- *Depois, vá jogar conversa fora com elas.*
- *E siga esse **vade mecum**:*
  - *agradeça antecipadamente pelo tempo que elas dedicam a você – às vezes, os outros têm "mais o que fazer"!*
  - *não se apresente como a vítima da relação patogênica que acabou de viver na empresa – o estilo "ó céus, ó vida" pode incomodar;*
  - *seja sintético e preciso em seu modo de se expressar – relate mais os fatos do que a maneira como se sente;*
  - *peça uma opinião sobre uma solução que você pensa adotar;*
  - *e se você desejar ajuda (por exemplo, de um gerente ou do RH), descreva precisamente do que se trata.*

2) No domínio privado, em primeiro lugar é importante se consolar depois da "ducha fria" que acabou de viver: sem adotar uma estratégia de afastamento, ofereça a si mesmo uma série de pequenos prazeres sensoriais, porque "você merece": espalhe flores pela casa, coma os doces que quiser, solte a sua voz (mesmo cantando mal) durante o banho, ria de filmes e séries de comédia, contrate um massagista...

Em seguida, uma vez revigorado pelos seus cuidados, quando a necessidade de voltar à companhia dos outros retornar, a escolha das ditas "boas pessoas" de seu convívio – com quem você poderá interagir serenamente – será judiciosa se:

- você considerá-las, primeiramente, como iguais, enquanto "irmãos humanos", isto é, em matéria de capacidade de ser feliz e suportar o sofrimento, o que permitirá que você seja autêntico com elas;
- você estiver realmente pronto tanto para dar como para receber;
- você não fizer uma demanda inadequada ou desmedida para elas, o que poderia deixá-las desconfortáveis;

- você não estabelecer uma relação idealizada com elas, o que poderia criar desentendimentos desgastantes;
- você nunca dependeu delas material ou afetivamente (por exemplo, seus pais), ou foi seu subordinado (por exemplo, um antigo professor de colégio).

Exercício: visualizar a "pessoa boa"

Quando atravessamos uma relação patogênica, o melhor aliado se encontra também, e frequentemente, em nós mesmos. Felizmente, nós dispomos de uma mãe interior. Trata-se de uma instância psíquica, diferente de nossa mãe real, mas que possui, contudo, suas melhores características: alimenta, dá atenção, é doce, afetuosa e dedicada... Trata-se, portanto, de ativar esse recurso positivo, buscando essas qualidades no fundo de nós mesmos.

Depois de alguns minutos de relaxamento respiratório profundo com os olhos fechados, confeccione um retrato chinês de sua boa mãe interior, para obter uma visão precisa e concreta:

Primeiro, batize-a.

_____

De que cor seriam seus olhos? E seus cabelos?

_____

Qual flor ela teria em sua lapela?

_____

Que tecido usaria?

_____

Qual seria seu perfume?

_____

Ela estaria acompanhada por qual animal?

_____

Que melodia tocaria?

_____

Qual seria seu livro de cabeceira?

_____

Em que paisagem natural ela gostaria de estar?

_____

Uma vez a mãe interior bem definida, você vai dar vida a ela dentro de você, a cada dia, fechando novamente os olhos: a cada vez, ela vai "bloquear" emoções ou pensamentos remoídos que levarem sua mente para a relação patogênica que está sendo desfeita.

Ela será um desvio psíquico muito útil, você verá!

E, no fim das contas, ela poderá também ajudar você a colocar palavras sobre os males da relação para lhes dar um sentido e, assim, de fato, tomar distância.

4
Como se reconstruir?

Sair da relação patogênica por cima

Agora é hora de criar uma oportunidade positiva a partir de sua decepção.

Exercício: I-NO-VE!

• Escolha duas intenções, no máximo, dentre a lista à esquerda (elas devem vir do coração).

• Depois, combine cada intenção com uma ou várias ações, retiradas da lista da direita, que lhe pareçam agradáveis, mas que você nunca tenha realizado até esse momento.

- [ ] "É preciso perder para se encontrar?"

- [ ] Aumentar a estima por si mesmo

- [ ] Se voltar para os "verdadeiros amigos"

- [ ] Buscar profundamente seus recursos internos

- [ ] Reforçar o laço com "os anciãos"

- [ ] Reforçar o laço com "as crianças"

- [ ] Manifestar desejos

- [ ] Começar a fazer uma arte marcial
- [ ] Fantasiar e maquiar crianças para um aniversário
- [ ] Se inscrever em um coral
- [ ] Saltar de *bungee-jump*
- [ ] Começar a escrever um diário
- [ ] Ir em uma social "intergeracional"
- [ ] Fazer uma peregrinação ou um ritual espiritual
- [ ] Participar das atividades propostas por um site de encontros
- [ ] Aprender uma dança de salão
- [ ] Entrar em um grupo de reza
- [ ] Assistir a uma cerimônia do chá japonesa
- [ ] Começar a fazer *yoga*
- [ ] Ir a uma festa popular
- [ ] Ir a um retiro espiritual
- [ ] Ninar crianças na cadeira de balanço
- [ ] Escrever poemas curtos
- [ ] Jogar o jogo *Monopoly* com um parente mais velho
- [ ] Se tornar voluntário de uma ação caritativa
- [ ] Fazer e oferecer doces
- [ ] Começar um esporte
- [ ] Correr na areia, perto do mar
- [ ] Revisitar seu orçamento
- [ ] Fazer uma viagem no fim de semana com um(a) amigo(a) querido(a)
- [ ] Oferecer-se um novo corte de cabelo
- [ ] Consultar um *coach* ou um psicanalista/psicoterapeuta
- [ ] Se inscrever em um site de trocas
- [ ] Passear na natureza
- [ ] Aprender a jogar xadrez

Ganhar mais independência e liberdade

Essa relação patogênica acabou danificando você, até mesmo causando o mal. Você está, portanto, decidido a não mais se envolver nesse tipo de relação. O meio mais seguro é se tornar um bom companheiro para si mesmo e ganhar uma verdadeira autonomia afetiva.

"Ter estima por si mesmo é a melhor maneira de ser amado por toda a vida"
(Oscar Wilde).

Qual é sua aptidão a estar só?

*Responda, por favor, sinceramente, com sim ou não
(você pode usar um curinga em no máximo duas perguntas,
deixando de respondê-las).*

1) Você gosta de contemplar uma bela paisagem? □ SIM □ NÃO

2) Você fala com facilidade sobre o tempo com um
desconhecido no transporte público? □ SIM □ NÃO

3) Você tem boas memórias de "colônias de férias"? □ SIM □ NÃO

4) Você se sente desconfortável em uma sala de espera
sem televisão? □ SIM □ NÃO

5) Para você, é difícil suportar o silêncio? □ SIM □ NÃO

6) Você já pediu um divórcio? □ SIM □ NÃO

7) Você se sente sereno na plataforma de uma estação
de trem? □ SIM □ NÃO

8) Você gosta muito de ler? □ SIM □ NÃO

9) Quando criança, você tinha medo de se entediar se
deixado sozinho? □ SIM □ NÃO

10) Você aprendeu a meditar? □ SIM □ NÃO

11) Você liga sistematicamente o rádio ou a TV
quando está em casa sozinho? □ SIM □ NÃO

12) Você se incomoda quando não tem nada a
dizer a alguém que conhece? □ SIM □ NÃO

13) Você é o "filho caçula" entre seus irmãos? □ SIM □ NÃO

14) Você sente uma "dor no coração" quando uma
pessoa próxima vai embora? □ SIM □ NÃO

15) Você conhece a síndrome do "ninho vazio"? □ SIM □ NÃO

16) Você é um fã de ficções de todo gênero
(séries, filmes...)? □ SIM □ NÃO

17) Você fuma mais de cinco cigarros por dia? □ SIM □ NÃO

18) Você é filho único? □ SIM □ NÃO

19) Você já viajou sozinho para um país do qual não
conhecia a língua? □ SIM □ NÃO

20) Acontece com frequência de você rezar? □ SIM □ NÃO

Resultados

Conte seus pontos:

1) Sim = 2 Não = 1	8) Sim = 2 Não = 0	15) Sim = 1 Não = 3
2) Sim = 1 Não = 2	9) Sim = 1 Não = 3	16) Sim = 1 Não = 2
3) Sim = 2 Não = 1	10) Sim = 3 Não = 0	17) Sim = 1 Não = 3
4) Sim = 1 Não = 2	11) Sim = 3 Não = 1	18) Sim = 3 Não = 0
5) Sim = 0 Não = 3	12) Sim = 1 Não = 2	19) Sim = 2 Não = 1
6) Sim = 2 Não = 1	13) Sim = 2 Não = 1	20) Sim = 2 Não = 1
7) Sim = 2 Não = 1	14) Sim = 1 Não = 2	

De 1 a 15 pontos:

Você tem dificuldade de suportar a solidão, pois se habituou a estar sempre cercado de pessoas e/ou querer frequentemente agradar os outros. Você se instalou assim, involuntariamente, em uma forma de dependência dos outros.

Conselho:

Pergunte-se às vezes se não é melhor estar só do que mal acompanhado. Sua empatia e bom humor são preciosos: não os desperdice com o primeiro que aparecer! E aprenda a se dar regularmente bons momentos de solidão: você verá que ganhará gosto pela coisa!

De 16 a 30 pontos:

Você aprecia a alternância de períodos de solidão e momentos com companhia. Você tenta centrar-se em si mesmo quando está sozinho, mas sente frequentemente a necessidade de compartilhar as alegrias e as dores com os outros.

Conselho:

Pergunte-se, de todo modo, se algumas das suas relações não são excessivas... Sobretudo se constatar que é sempre você que alimenta esse laço. Organize regularmente sua lista de contatos (por exemplo, no período em que formula os desejos para a virada do ano), "fingindo-se de morto" por um tempo: você verá o que vai acontecer e tirará conclusões certeiras.

De 31 a 45 pontos:

Você desenvolveu uma verdadeira autonomia, graças à boa estima que tem de si mesmo. Você não terá muita dificuldade em notar o despontar de um risco de toxicidade na relação e a livrar-se dele. Com efeito, você não tem muito a perder, pois já sabe ser um companheiro confiável para si mesmo.

Conselho:

Reconheça as suas qualidades de discernimento e de autonomia, e continue assim, pois você está no caminho certo!

Evite o retorno da armadilha

Nem sempre é fácil evitar refazer os mesmos caminhos sem uma verdadeira tomada de consciência de nosso modo de funcionamento psíquico. Como nós vimos, ele é em boa parte inconsciente e se enraíza em nossa infância ou adolescência. Para que essa compreensão se aprofunde, é primordial efetuar um verdadeiro trabalho sobre si mesmo com um profissional da relação de ajuda aberto e competente (**coach** ou psicanalista/psicoterapeuta).

Questionário

Você está pronto para "trabalhar sobre si mesmo"?

1) Você considera que "já sofreu demais assim"? ☐ SIM ☐ NÃO

2) Você já fez uma viagem ou foi a um retiro sozinho? ☐ SIM ☐ NÃO

3) Você sofre de distúrbios crônicos (problemas gástricos, cefaleias, dor lombar...)? ☐ SIM ☐ NÃO

4) Você conhece os fundamentos da psicanálise? ☐ SIM ☐ NÃO

5) Uma pessoa próxima já contou com a ajuda de uma psicoterapia? ☐ SIM ☐ NÃO

6) Você já fez um estágio de desenvolvimento pessoal? ☐ SIM ☐ NÃO

7) Você lê com regularidade livros sobre a psicologia prática, como este aqui? ☐ SIM ☐ NÃO

8) Você tem verdadeiramente curiosidade em se conhecer? ☐ SIM ☐ NÃO

9) Você aceita a ideia de ter um encontro consigo mesmo pelo menos uma vez por semana? ☐ SIM ☐ NÃO

10) Você faz regularmente yoga e/ou relaxamento? ☐ SIM ☐ NÃO

Se você responder sim a, pelo menos, seis questões, você pode ter certeza quanto à sua capacidade de começar essa bela aventura da descoberta de sua interioridade.

Todavia, é importante escolher bem seu acompanhante.

Aqui vão algumas orientações:

- não se desvalorize sob o pretexto de que seu problema requer realmente ajuda: diga-se, justamente, que você é uma pessoa ajuizada;

- sobretudo, se dê tempo para escolher bem o profissional (mas sem procrastinar!);

- não hesite em consultar vários profissionais;

- confie em sua intuição!

Além disso, assegure-se de várias coisas, a fim de evitar ciladas.

➜ SE VOCÊ ESCOLHEU UM *COACH* ESPECIALIZADO EM EMPRESAS:

- interrogue-o sobre o nome de sua prática e, se necessário, sobre a metodologia;

- informe-se se esse consultor já viveu em seu percurso uma relação patogênica em uma empresa (por exemplo: assédio moral) – claro, ele não é obrigado a responder, mas isso dará uma indicação sobre seu ego;

- se o *coach* não o propuser, peça um plano de trabalho ou um contrato de intervenção prévio.

➜ SE VOCÊ ESCOLHEU UM PSICANALISTA/ PSICOTERAPEUTA:

- pergunte a ele a que escola pertence (freudiano, lacaniano, junguiano, comportamental...);

- estabeleça um acordo claro sobre a regularidade das sessões e, se possível, a duração aproximada da terapia. Se o profissional não indicar nenhum prazo, peça para fazer uma avaliação em um ano no máximo;

- tente escolher um preço justo para você (em geral definido em função de sua renda) e que você poderá de fato assumir em seu orçamento.

Para as duas categorias de profissionais, na primeira sessão:

- verifique se essa "sessão inaugural" não contará ainda com o seu engajamento no tratamento (o que não significa que ela seja, necessariamente, gratuita);
- verifique o nível de formação deles, seus diplomas e/ou certificados;
- verifique se pertencem a uma instituição reconhecida;
- faça-lhes determinar com precisão as condições para o cancelamento de uma sessão;
- teste a qualidade da escuta, a neutralidade deles, seu grau de benevolência e abertura;
- verifique, enfim, se você se sente plenamente confortável na presença deles (sobretudo na perspectiva de um acompanhamento ou terapia por mais de seis meses).

Conclusão

Pela leitura participativa deste livro, você terá realizado uma travessia no coração de si mesmo, sem dúvida com algumas turbulências, mas também clarões de lucidez.

Aqui está você, a priori, chegando em um bom lugar.

Contudo, não se esqueça de que a autonomia, sobretudo a afetiva, deverá ser construída a todo tempo, dia após dia, até o último suspiro. É ela que levará você para a via de uma verdadeira serenidade, (re)atando laços justos para você e para o outro.

Pequena bibliografia

ANDRÉ, Cristophe. *Méditer jour après jour* [Meditar dia após dia]. L'Iconoclaste, 2011.

BERNE, Éric. *Jogos da vida*. Nobel, 1995.

BOUVIER, Xavier (coletivo sob a direção de). *Les réseaux sociaux* [As redes sociais]. Nathan, 2018.

COMTE-SPONVILLE, André. *O amor, a solidão*. Martins Fontes, 2016.

MARC, Edmond. *Guide pratique des psychothérapies* [Guia prático das psicoterapias]. Retz, 2008.

MARQUES, Cristina. Confidences d'une ancienne dépendante affective [Confidências de uma antiga dependente afetiva]. Lanore, 2015.

MARTEL, Jacques. *Le Grand Dictionnaire des malaises et des maladies* [O grande dicionário do mal-estar e das doenças]. Quintessence, 2007.

RACAMIER, Paul-Claude. *Les Perversions narcissiques* [As perverções narcísicas]. Payot, 2021.

TOMASELLA, Saverio & HUBERT, Barbara Ann. *L'Emprise affective* [O domínio afetivo]. Eyrolles, 2014.

WINNICOTT, Donald. *O ambiente e os processos de maturação*. Artes Médicas, 1983.

Coleção Praticando o Bem-estar
Selecione sua próxima leitura

- ☐ Caderno de exercícios para aprender a ser feliz
- ☐ Caderno de exercícios para saber desapegar-se
- ☐ Caderno de exercícios para aumentar a autoestima
- ☐ Caderno de exercícios para superar as crises
- ☐ Caderno de exercícios para descobrir os seus talentos ocultos
- ☐ Caderno de exercícios de meditação no cotidiano
- ☐ Caderno de exercícios para ficar zen em um mundo agitado
- ☐ Caderno de exercícios de inteligência emocional
- ☐ Caderno de exercícios para cuidar de si mesmo
- ☐ Caderno de exercícios para cultivar a alegria de viver no cotidiano
- ☐ Caderno de exercícios e dicas para fazer amigos e ampliar suas relações
- ☐ Caderno de exercícios para desacelerar quando tudo vai rápido demais
- ☐ Caderno de exercícios para aprender a amar-se, amar e – por que não? – ser amad(o)a)
- ☐ Caderno de exercícios para ousar realizar seus sonhos
- ☐ Caderno de exercícios para saber maravilhar-se
- ☐ Caderno de exercícios para ver tudo cor-de-rosa
- ☐ Caderno de exercícios para se afirmar e – enfim – ousar dizer não
- ☐ Caderno de exercícios para viver sua raiva de forma positiva
- ☐ Caderno de exercícios para se desvencilhar de tudo o que é inútil
- ☐ Caderno de exercícios de simplicidade feliz
- ☐ Caderno de exercícios para viver livre e parar de se culpar
- ☐ Caderno de exercícios dos fabulosos poderes da generosidade
- ☐ Caderno de exercícios para aceitar seu próprio corpo
- ☐ Caderno de exercícios de gratidão
- ☐ Caderno de exercícios para evoluir graças às pessoas difíceis
- ☐ Caderno de exercícios de atenção plena
- ☐ Caderno de exercícios para fazer casais felizes
- ☐ Caderno de exercícios para aliviar as feridas do coração
- ☐ Caderno de exercícios de comunicação não verbal
- ☐ Caderno de exercícios para se organizar melhor e viver sem estresse
- ☐ Caderno de exercícios de eficácia pessoal
- ☐ Caderno de exercícios para ousar mudar a sua vida
- ☐ Caderno de exercícios para praticar a lei da atração
- ☐ Caderno de exercícios para gestão de conflitos
- ☐ Caderno de exercícios do perdão segundo o Ho'oponopono
- ☐ Caderno de exercícios para atrair felicidade e sucesso
- ☐ Caderno de exercícios de Psicologia Positiva
- ☐ Caderno de exercícios de Comunicação Não Violenta
- ☐ Caderno de exercícios para se libertar de seus medos
- ☐ Caderno de exercícios de gentileza
- ☐ Caderno de exercícios de Comunicação Não Violenta com as crianças
- ☐ Caderno de exercícios de espiritualidade simples como uma xícara de chá
- ☐ Caderno de exercícios para praticar o Ho'oponopono
- ☐ Caderno de exercícios para convencer facilmente em qualquer situação
- ☐ Caderno de exercícios de arteterapia
- ☐ Caderno de exercícios para se libertar das relações tóxicas
- ☐ Caderno de exercícios para se proteger do Burnout graças à Comunicação Não Violenta
- ☐ Caderno de exercícios de escuta profunda de si
- ☐ Caderno de exercícios para desenvolver uma mentalidade de ganhador
- ☐ Caderno de exercícios para ser sexy, zen e feliz
- ☐ Caderno de exercícios para identificar as feridas do coração
- ☐ Caderno de exercícios de hipnose
- ☐ Caderno de exercícios para sair do jogo vítima, carrasco, salvador
- ☐ Caderno de exercícios para superar um fracasso

EDITORA VOZES LTDA.
Rua Frei Luís, 100 – Centro – Cep 25689-900 – Petrópolis, RJ
Tel.: (24) 2233-9000 – E-mail: vendas@vozes.com.br

Vozes de Bolso

www.vozes.com.br

Belo Horizonte – Brasília – Campinas – Cuiabá – Curitiba
Fortaleza – Juiz de Fora – Petrópolis – Recife – São Paulo

Conheça nossas lojas:
www.livrariavozes.com.br

Conecte-se conosco:

 facebook.com/editoravozes

 @editoravozes

 @editora_vozes

 youtube.com/editoravozes

 +55 24 2233-9033